Para Alice, Joe, Arthur y Ben — MC

Para Ken y Olive — SW

Título original: Grandpa's Boat
© Texto: Michael Catchpool, 2008
© Ilustraciones: Sophy Williams, 2008
© de la edición castellana: EDITORIAL JUVENTUD, S. A., 2009
Provença, 101 - 08029 Barcelona
info@editorialjuventud.es - www.editorialjuventud.es

Traducción de Maria Lucchetti
Primera edición, 2009
Depósito legal: B. 2.034-2009
ISBN 978- 84-261-3703-6
Núm. de edición de E. J.: 13.025
Printed in Spain
Limpergraf, c/ Mogoda, 29-31, Barberà del Vallès (Barcelona)

El barco del abuelo

Michael Catchpool

Ilustraciones de
Sophy Williams

Editorial Juventud

En el muelle hay un viejo barco.
Se llama *Bígaro*.

El *Bígaro* era el barco del abuelo.
Salía a navegar en él todos los días.

Al abuelo le encantaba
navegar en el *Bígaro*.

«Es una belleza, ¿no te parece?
–decía riendo. Y añadía–:
¡Aunque no tanto como
esta preciosidad que tengo aquí!»

Y entonces abrazaba a la abuela
y le daba un beso.

El abuelo quería mucho al *Bígaro*.
Pero aún quería más a la abuela.

El abuelo decía que había bautizado
al *Bígaro* en honor a la abuela,
porque a la abuela se le dibujaban
unos hoyuelos en las mejillas
que parecían unos caracolillos.
«Como dos conchas de bígaro»,
decía siempre el abuelo.

Pero todo eso era cuando la abuela
y el abuelo eran mucho más jóvenes.
Y antes de que el abuelo empezara a
sentirse cansado. Muy cansado.

Entonces todo era distinto.
«Podías navegar sin que se te
cruzaran todos esos marineros de
agua dulce con sus ridículos yates»,
decía el abuelo.

Todas las semanas, el abuelo
limpiaba el *Bígaro* con un cepillo
de mango largo. Y la abuela le ayudaba.
El agua los salpicaba y acababan los dos
completamente empapados,
pero no les importaba.

Y en primavera, el abuelo pintaba
el *Bígaro* de color blanco.
«Es el maravilloso color
de las nubes», decía.

Y le pintaba una franja
azul alrededor.
«El azul es por el cielo.
¿Hay algo mejor que
un cielo azul brillante?»

Pero decía que el color
más bonito era el rojo,
como los cabellos de la abuela.

Al abuelo le gustaba mucho
el color azul del cielo claro
e inmenso, y los jirones blancos
de las nubes, pero su favorito
era el color rojo.

Mamá dice que la primera vez que fui
con el abuelo a navegar en el *Bígaro*,
era sólo un bebé; mucho antes
de que el abuelo enfermara.
Dice mamá que íbamos a toda
vela, que el agua nos salpicaba
y yo daba palmadas de
alegría mientras ella me
sujetaba; pero yo no
me acuerdo.

A veces sueño
que navegamos
sobre las olas,
más veloces que las
gaviotas y espoleados
por el viento.

Y también sueño con el abuelo.

Cuando el abuelo estaba enfermo en cama,
nos decía con su sonrisa cálida como el sol:
«¿Quién quiere salir en el *Bígaro*?
Prometo llevaros en cuanto me levante de esta maldita cama.
El *Bígaro* es una belleza, ¿verdad? Pero no tanto
como esta preciosidad que tengo a mi lado»,
y alargaba hacia la abuela su mano cansada.

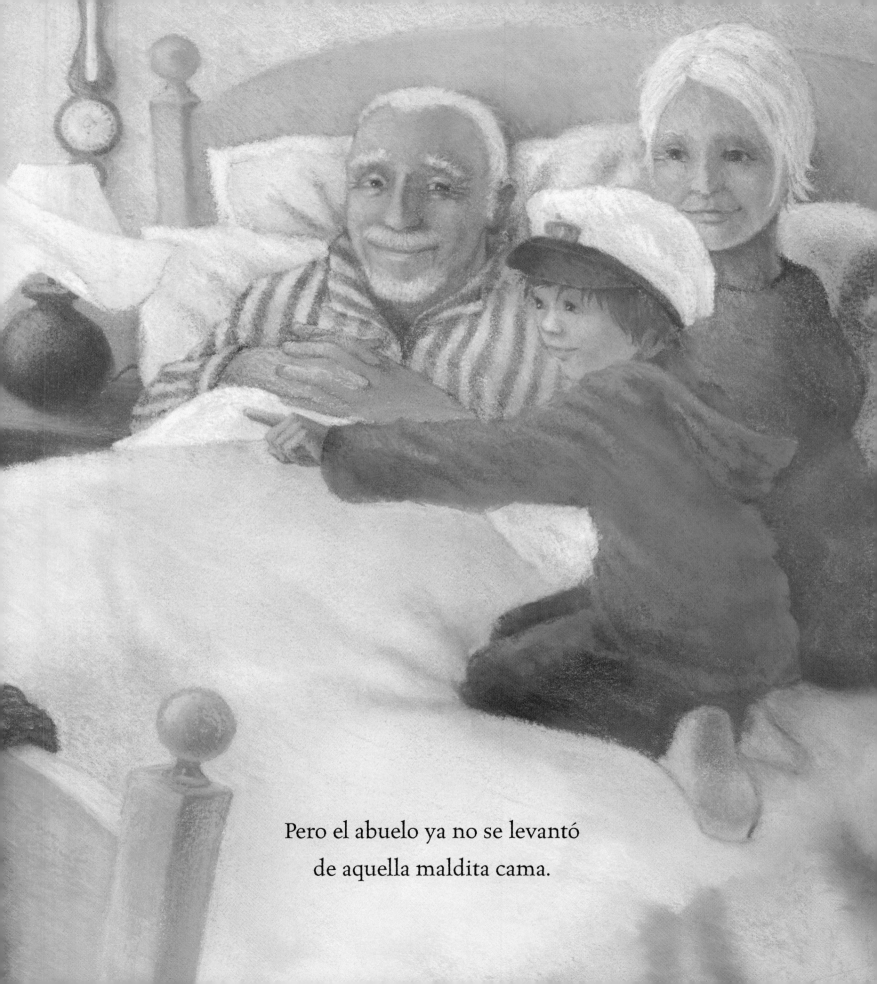

Pero el abuelo ya no se levantó
de aquella maldita cama.

Ahora, el fondo del *Bígaro*
está lleno de una agüilla verde
donde flota una mancha de aceite.
Cuando brilla el sol, el aceite refleja
los colores del arco iris.

Las gaviotas se posan
en la borda del *Bígaro*
y graznan y se pelean.

De vez en cuando,
algún paseante del
muelle les arroja un
poco de pan o alguna
patata frita, y ellas vuelan
en círculos y los atrapan
con el pico, como si se tratara
de un número de circo.

A veces, la abuela se sienta en un banco
del muelle y contempla el *Bígaro*.
Yo me siento a su lado.
Casi no hablamos.

Pero a veces
toma mi mano y dice:
«Estoy segura de que
ahora mismo el abuelo
está navegando. Estará
surcando el mar, jugando
con el viento y las olas,
y seguro que no se tropieza
con esos ridículos yates».

Papá dijo que debíamos hacer algo
con el *Bígaro*. Dejarlo listo y reluciente
como solía estar antes.

Mamá dijo que sin el abuelo ya no sería
lo mismo. La abuela se limitó a
encogerse de hombros.

Pero papá no estaba dispuesto a aceptar
un no por respuesta. Así que durante
todo el verano trabajó en el *Bígaro*.

Un hombre ayudó a papá a sacar
toda el agua del fondo y luego
cambiaron los tablones que estaban
en mal estado. Serraron, clavaron
y pulieron la madera hasta dejarla
bien lisa, tan lisa que, cuando
la tocabas, los dedos te resbalaban.

Yo también ayudé... Mientras, mamá y la abuela
nos miraban. Nos miraban mientras papá y yo baldeábamos
y fregábamos el *Bígaro* con un cepillo de mango largo.
Y ambos acabábamos empapados.

Nos miraban cuando pintábamos
el *Bígaro* de color blanco, como
las nubes. Y cuando estábamos
pintando una franja azul alrededor,
la abuela se subió a la escalera
y pintó ella misma el último trozo.

Y entonces salimos a navegar.
Yo me senté junto a la abuela y
tomé su mano mientras
zarpábamos. Y mamá le tomó
la otra mano.

Y mientras navegábamos,
soñé que el abuelo iba
al timón y nos llevaba a dar
una vuelta, como había dicho.
Y ya no parecía cansado ni enfermo.

Y cuando avanzábamos sobre las olas
él se reía y gritaba a las gaviotas que volaban en círculos.
«¿Verdad que es una belleza? –exclamaba–.
¡Pero no tanto como estas preciosidades que tengo aquí!»